ANNE FRANK

Anne Frank

Iola Ynyr
Cwmni'r Frân Wen

Gomer

.r ddiolch yn fawr i Adrannau Cymraeg
Hoffa ol am eu cymorth parod wrth baratoi i gael
yr yseg:
y dd

.nog, Botwnnog
Ysgn Gymraeg Bro Myrddin, Caerfyrddin
Ysrgan Llwyd, Wrecsam
yfun Gymraeg Plasmawr, Caerdydd.

Cyhoeddwyd yn 2013 gan
Wasg Gomer, Llandysul, Ceredigion SA44 4JL
www.gomer.co.uk

ISBN 978 1 84851 498 0

Hawlfraint © Iola Ynyr a Chwmni'r Frân Wen, 2013 ⓑ

Argraffwyd a rhwymwyd yng Nghymru
gan Wasg Gomer, Llandysul, Ceredigion.

Mae'r ddrama'n seiliedig ar *The Diary of a Young Girl – Anne Frank, The Definitive Edition*, cyfieithiad newydd wedi'i olygu gan Otto H. Frank a Mirjam Pressler, Penguin (1977), a *Dyddiadur, cyfieithiad o ddyddiadur Anne Frank*, Eigra Lewis Roberts, Gwasg Carreg Gwalch (1996).

Perfformiwyd y ddrama *Anne Frank* am y tro cyntaf yn Ysgol Tryfan, Bangor ar 13 Hydref 1997 ac yna ar daith yn 2006 o amgylch ysgolion yng Ngwynedd, Môn a Chonwy.

CEFNDIR Y DDRAMA

Ysgrifennwyd *Anne Frank* gyda'r bwriad o'i pherfformio i gynulleidfa o bobl ifanc mewn ysgolion. Fy mwriad oedd creu darlun o Anne fel person cyffredin yng nghanol erchyllterau'r Ail Ryfel Byd.

Wrth ddarllen ei dyddiadur, yr hyn a ddaw'n amlwg yw ei dewrder a'i gonestrwydd, ond mae arwyddocâd y dyddiadur yn gymaint mwy o wybod beth oedd diwedd creulon ei bywyd.

Yn yr un modd, roedd cofiant Eva Schloss, a oroesodd cyfnod erchyll yr Ail Ryfel Byd, yn y gyfrol *Eva's Story* yn ddylanwad mawr ar y sgript. Yn eironig, priododd mam Eva â thad Anne, sef Otto Frank, ar ôl diwedd y rhyfel.

Yn fwriadol, cadwyd y golygfeydd yn dilyn gadael y guddfan mor ddelweddol â phosibl gan fod yr hyn a wynebwyd gan Anne a Margot, yn arbennig yr hyn a ddisgrifiwyd gan Eva, y tu hwnt i'r hyn y gall geiriau fynegi.

Defnyddiwyd set syml o *gauze* mewn hanner cylch i gyfleu'r daith ar y trên, ffrâm gwely oedd hefyd yn cael ei defnyddio fel ffrâm ffenestr, ac ychydig o gesys fel props.

Cyflwynwyd y cynhyrchiad gan ddau actor gwrywaidd, oedd yn chwarae rhannau'r cymeriadau gwahanol, a dwy actores fenywaidd.

Iola Ynyr
Cyfarwyddwr Cwmni'r Frân Wen

Y CYMERIADAU

ANNE, merch ifanc dair ar ddeg mlwydd oed
MARGOT, chwaer Anne, dair blynedd yn hŷn na hi
PETER, bachgen pymtheg oed
OTTO, tad Anne
DAU FILWR yn y gwersyll

GOLYGFA I

MAE OTTO FRANK YN DYCHWELYD I'R GUDDFAN LLE BU EI
DEULU'N CUDDIO ADEG Y RHYFEL A HYNNY AM Y TRO CYNTAF
WEDI IDDO DDERBYN Y DYDDIADUR GAN MIEP GIES, CYFEILLES
I DEULU ANNE A GYNORTHWYODD I'W CUDDIO. MAE'N GAFAEL
YN DYNN YN Y DYDDIADUR AC YN EI ANWESU WRTH I'R HIRAETH
AM EI DEULU EI ORCHFYGU.

LLAIS ANNE YN DARLLEN EI DYDDIADUR:
Mehefin y deuddegfed, 1942
Rydw i'n gobeithio y galla i ymddiried y cyfan i ti gan nad
ydw i erioed wedi gallu ymddiried yn neb o'r blaen; rydw i'n
gobeithio y byddi di'n gefn ac yn gysur mawr i mi.

GOLYGFA 2

MAE ANNE YN DARLLEN EI DYDDIADUR IDDI'I HUN TRA BOD
MARGOT YN YMDRECHU I WELD EI GYNNWYS.

ANNE: Paid!
MARGOT: Gad i mi gael golwg! Dim ond am funud!
ANNE: Na!
MARGOT: Pam?
ANNE: Dwi ddim isio i ti weld.
MARGOT: Pam?
ANNE: Fasat ti ddim yn licio'r petha dwi'n ddeud!
MARGOT: Mae o'n ddigon diniwed!
ANNE: Sut ti'n gwbod?
MARGOT: Hy!
ANNE: Wyt ti wedi bod ynddo fo'n barod?
MARGOT: Naddo!
ANNE: Pam wyt ti'n gwenu'n wirion, ta?
MARGOT: Paid â gwneud cymaint o sŵn Anne!
ANNE: Meiddia di osod blaen dy fys ar hwn!

MARGOT YN CAEL PLESER O WELD PA MOR HAWDD YW
GWYLLTIO ANNE.

MARGOT: Tempar, Anne!
ANNE: Dwi'n ei feddwl o!
MARGOT: Ti mor hawdd dy weindio, yn dwyt?
ANNE: Ac mi wyt titha'n hen ast annifyr!
MARGOT: Ymddiheura rŵan!

ANNE: Na wnaf!

MARGOT: Ymddiheura! (SAIB) Mi gawn ni weld be sy gan Dad i'w ddeud!

ANNE: Be am i ti sefyll ar dy draed dy hun am unwaith?

MARGOT: Dwi'm yn mynd i siarad efo ti os wyt ti fel hyn.

ANNE: Dos o 'ma ta!

MARGOT: Ma gen ti lot i'w ddysgu, Anne!

ANNE: Twll dy din di!

MARGOT: Ti mor blentynnaidd!

ANNE: Ti isio cweir?

MARGOT: 'Nes i'm dewis bod yn chwaer i ti.

ANNE: Dos i chwilio am fwytha gan Mam! Dos!

MARGOT: Mi arhosa i yma nes bydd 'na well hwylia arnat ti. (SAIB) Ac i ti gael dallt, nid y fi sy wedi bod yn sbecian drwy dy ddyddiadur di.

ANNE: Pwy ta?

MARGOT: Ma isio ti ofalu be ti'n roi ynddo fo.

MARGOT YN GADAEL.

ANNE: Margot, ty'd yn . . .

TEIMLAD O ANSICRWYDD MAWR YN DOD DROS ANNE.

LLAIS ANNE: *Dydd Sadwrn, Gorffennaf yr unfed ar ddeg, 1942 Dwi ddim yn meddwl y bydda i byth yn teimlo'n gartrefol yn y tŷ yma, ond dydi hynny ddim yn golygu fy mod i'n ei gasáu. Mae fel bod ar wyliau mewn rhyw westy digon od. Efallai fod hynny'n ffordd ryfedd o edrych ar bethau, ond felly dwi'n teimlo. Mae'n lle perffaith i guddio. Efallai ei fod o'n damp, a'r waliau'n gam, ond go brin fod yna guddfan fwy cyfforddus yn unman.*

GOLYGFA 3

ANNE YN YSGRIFENNU YN EI DYDDIADUR. MARGOT A PETER YN EDRYCH DRWY'R FFENESTR AR Y CYMYLAU.

MARGOT: Gêm o *Charades*?

PETER: Ia!

MARGOT: Anne?

ANNE: Dwi'n brysur.

PETER: Plis, Anne!

ANNE: Ma'n rhaid i mi orffen hwn.

MARGOT: Ty'd ta Peter! Dos di gynta!

PETER: Dydi o ddim 'run fath hefo dim ond dau yn chwarae.

MARGOT: (GAN GYFEIRIO AT PETER) Awn ni 'nôl i lawr, ta?

ANNE: Dwi bron â gorffen.

MARGOT: (YN GOEGLYD) Mwya sydyn! Rhyfedd!

ANNE: Be nawn ni?

MARGOT: Geith Peter ddewis!

PETER: 'Mots gynna i! Be fasa ora' gen ti Anne?

ANNE: Dyfalu siâp cymyla!

MARGOT: Pawb yn hapus hefo hynny?

PETER: 'Mond mod i ddim yn gorfod mynd gynta!

MARGOT YN CYCHWYN YN SYTH HEB ROI CYFLE I ANNE.

MARGOT: Tebyg i be 'di hwnna, ta?

ANNE: Mae'n amlwg!

PETER: Ddim i mi!

MARGOT: Crycha dy lygaid ac mi weli di'n syth!

ANNE: Sbia'n iawn!

PETER YN YMDRECHU'N GALED I ADNABOD Y SIÂP.

PETER: Na, dim syniad!
ANNE: Wel! Wyneb hen ddyn!
MARGOT: Paid â bod yn wirion! Cacan 'di honna!
ANNE: Ers pryd ma gan gacan drwyn?
PETER: Wela i! Donyt!
MARGOT: Da iawn, Peter!
PETER: A jam yn ei chanol hi!
MARGOT: A siwgwr yn dew drosti!

ANNE YN GENFIGENNUS WRTH I'R DDAU YMGOLLI YN Y
DYCHMYGU.

PETER: Ac wrth i ti gymryd dy gegaid gynta, ma'r jam yn diferu i
   lawr dy ên di!
MARGOT: Ond ti'n ei ddal o mewn da bryd, ac yn llyfu dy fys a
   mwynhau pob diferyn!

ANNE YN YMDDWYN YN CHWAREUS.

ANNE: Fasat ti'n rhoi tamad ohoni i mi?
PETER: Tamad o be?
ANNE: O'r donyt, de!
PETER: Ond does gen i 'run!
ANNE: Tasa gen ti un?
PETER: Swn i'n ei rhannu hi efo pawb.

ANNE YN ANFODLON GYDA'R ATEB. MARGOT YN CYFEIRIO AT
GWMWL ARALL.

MARGOT: Be am hwn, ta?

ANNE: Ma honna 'run fath yn union â Moortje!

PETER: Honna?

ANNE: Honna, hwnna, be bynnag ydi o, hi!

PETER: Fasat ti'n chwara efo'r gath tasat ti'n gwbod yn iawn mai
   hogyn ydi o!

ANNE: Wyt ti'n gallu gweld?

MARGOT: Anne!

PETER: Ma'i organ genhedlu fo i'w gweld yn glir!

MARGOT: Ty'd Anne! Mi fydd Dad yn disgwyl amdanon ni!

ANNE: Fedri di ddangos ei 'organ genhedlu' o i mi?

PETER: Ty'd i fyny i'r atig heno ac mi gei di weld!

ANNE: Dyna ti'n ddeud, ia? 'Organ genhedlu'?

PETER: Wel . . . ia!

MARGOT: (YN TORRI AR DRAWS YN SYDYN) Mi a' i i ddeud dy fod
   ti ar dy ffordd!

MARGOT YN GADAEL, YN LLAWN CYWILYDD.

ANNE: Oes 'na air arall wyt ti'n ddefnyddio am organ genhedlu
   dyn?

PETER: Mmmm . . .

ANNE: Ti'n gwbod – gair go iawn! Ddim un babïaidd!

PETER: Wel . . .

ANNE: Achos sut ydan ni fod i ddysgu'r geiria 'ma pan does 'na
   neb yn eglero'n gall? Does 'na neb yn sôn am y petha wyt ti
   isio gwbod amdanyn nhw go iawn!

PETER: Ella basa'n well i ti siarad hefo dy fam a dy dad?

ANNE: Fyddi di'n trafod petha fel hyn hefo dy rieni di?

PETER: Pan fyddan nhw isio!

ANNE: Hola nhw, ta! Ddo i i fyny atat ti heno 'ma!

OTTO'N CYRRAEDD WRTH I ANNE DROI I ADAEL, A'R AWYRGYLCH
YN NEWID YN LLWYR.

OTTO: Fama dach chi'n cuddio!
ANNE: Ar ein ffordd oeddan ni.
OTTO: Lawr â ti, ta!
ANNE: Cofia be ddudis i!

SAIB ANGHYFFORDDUS CYN I ANNE ADAEL. OTTO'N RHY
FRWDFRYDIG A HWYLIOG.

OTTO: Anne ddim yn dy boeni di, gobeithio?
PETER: Ddim o gwbwl! Dwi wrth fy modd hefo hi . . . a Margot.
OTTO: 'Mond eich bod chi i gyd yn ffrindia!
PETER: Hoff iawn o'n gilydd! Y tri ohonan ni.
OTTO: Siŵr y basa'n well gen ti fod yng nghanol hogia 'run oed
    â ti.
PETER: Na!
OTTO: Chditha'n hogyn ifanc sy . . . bron yn ddyn.
PETER: Dydw i ddim yn teimlo'n ddim gwahanol i fel o'n i
    erstalwm.
OTTO: 'Na ti! (SAIB) Braf cael llonydd weithia, yn tydi?
PETER: Well gynna i fod hefo rhywun.
OTTO: Mae 'na ddigon ohonan ni yma, cofia . . . i gadw
    cwmpeini i ti.
PETER: 'Dan ni'n ffodus iawn, Mr Frank.

OTTO'N MEDDALU WRTH WELD YMATEB DINIWED PETER.

OTTO: Ydan, 'y ngwas i. Yn ffodus iawn.
PETER: Oeddach chi isio rhwbath o fama?

OTTO: Na . . . ma pob dim i'w weld yn ei le.

PETER: Dwi am fynd at y lleill, os ydi hynny'n iawn gynnoch chi?

PETER YN GADAEL AC OTTO'N TEIMLO'N SIOMEDIG NAD OEDD WEDI GALLU MYNEGI EI NEGES YN GLIR.

LLAIS ANNE: *Dydd Gwener, Tachwedd yr ugeinfed, 1942*
Beth bynnag dwi'n neud, alla i ddim peidio â meddwl am y rhai sydd wedi mynd. Rydw i'n dal fy hun yn chwerthin, ac yn cofio'n sydyn nad oes gen i hawl i fod mor hapus. Ond a ddyliwn i dreulio'r diwrnod cyfan yn crio? Na, alla i ddim gneud hynny, ac mae'r tristwch hwn yn siŵr o fynd heibio.

GOLYGFA 4

ANNE WEDI DIFLASU'N LÂN AC YN EIDDIGEDDUS O ALLU MARGOT I YMGOLLI YN EI DARLLEN. ANNE YN CIPIO'R LLYFR O LAW MARGOT.

MARGOT: Ty'd â fo'n ôl!

ANNE: Dwi isio sbio ar y llunia!

MARGOT: Ty'd â fo yma, rŵan!

ANNE: 'Mynadd, Margot!

MARGOT: Mi o'n i ar ganol 'i ddarllen o!

ANNE: Paid â gneud sŵn, neu mi fydd gweithwyr y ffatri'n dy glywed di.

MARGOT: Mi ddewisodd Bep y llyfr yna'n arbennig ar 'y nghyfer i. Ma gen ti dy lyfra dy hun.

ANNE YN MWYNHAU GWELD MARGOT YN GWYLLTIO.

ANNE: Dwi wedi'u darllen nhw!

MARGOT: Fasa Mam ddim yn licio i ti sbio ar hwn.

ANNE: Pam?

MARGOT: Mae o ar gyfer rhywun hŷn na ti!

ANNE: Am be mae o'n sôn, felly?

MARGOT: Dwi'm yn meddwl y dylwn i ddeud.

ANNE: Be, sôn am ryw mae o? Sut ma dyn yn sticio'i bidlan yn . . .

MAE MARGOT YN YMATEB I EIRFA ANNE AM EI BOD YN WRTHUN IDDI.

MARGOT: Stopia!

ANNE: Ti'm yn swil, nagwyt Margot? Wyt ti? Mae'n naturiol i ni
feddwl am y petha 'ma! Hwyrach taswn i ddim yn sownd yn
fama, mi faswn i wedi'i wneud o erbyn hyn!

MARGOT: Paid â bod mor ffiaidd!

ANNE: Ti'm yn teimlo weithia bod 'na awydd yn dod drostat ti i . . .

MARGOT: Ti 'run fath yn union â hogan fach wedi'i sbwylio!
Byth yn gwbod pryd ddylat ti dewi! Dim rhyfedd bod Mam
a Dad yn dy drin di fel ma nhw.

ANNE: Mam a Dad? Ma pawb wrthi! Albert Dussel a'r van Daans
am y gora'n gweld pwy all ddeud y drefn ora wrtha i! Fy
mychanu i, a gneud hwyl ar 'y mhen i heb feddwl sut ydw i'n
teimlo tu mewn.

MARGOT: Wel, faswn *i* byth yn dwyn llyfr gen *ti*.

ANNE: Dwi ddim yn sôn am y blydi llyfr, Margot! Dwi'n sôn am
y ffordd ma Mam a Dad yn dy drin di, a sut ma nhw efo fi.

MARGOT: Ma nhw'n ein caru ni'n dwy.

ANNE: Does 'na ddim cariad rhwng Mam a fi.

Y GOSODIAD CALED HWN YN BRIFO MARGOT I'R BYW.

MARGOT: Paid â deud hynna.

ANNE: Dwi'n 'i weld o yn ei llygaid hi.

MARGOT: Poeni amdanat ti ma hi, 'sti.

LLYGAID ANNE YN LLENWI Â DAGRAU.

ANNE: Dydi hi ddim yn hawdd arna i.

MARGOT YN GAFAEL AM ANNE I'W CHYSURO, A'R ANWYLDEB YN
AMLWG RHWNG Y DDWY.

MARGOT: Mi ga' i air efo hi. Deud wrthi sut wyt ti'n teimlo.

ANNE: Siarad ydi'r cwbwl 'dan ni'n neud yma!

MARGOT: Fyddwn ni ddim yma am byth.

ANNE: Dwi wedi 'laru ar bob dim!

OTTO'N CYRRAEDD YN ANNISGWYL AC YN DYCHRYN Y DDWY.

OTTO: Mi o'n i'n eich clywed chi, bob gair! Rhag dy gywilydd di, Anne! Rho'r llyfr 'na yn ei ôl ar unwaith.

MARGOT YN ACHUB CAM ANNE.

MARGOT: Ma'n iawn iddi hi sbio arno fo.

OTTO: Mi fasa 'na ffasiwn 'sterics tasa Margot druan yn meiddio sbio ar un o dy lyfra di!

ANNE YN GOLLWNG Y LLYFR AR LAWR YN SWNLLYD.

OTTO: Cwyd o, y munud 'ma!

ANNE YN GADAEL MEWN TYMER.

OTTO: Ty'd yn ôl yma!

MARGOT: Eith hi ddim yn bell, na neith, Dad?

LLAIS ANNE: *Dydd Sadwrn, Ionawr y degfed ar hugain, 1943*
Mae pawb yn meddwl mod i'n dangos fy hun pan fydda i'n siarad . . . yn ddiog pan dwi'n flinedig, yn hunanol pan fydda i'n bwyta un tamaid yn fwy nag y dyliwn i . . . ac yn y blaen ac yn y blaen. Y cwbl dwi'n ei glywed trwy'r dydd ydi 'mod i'n ddigon i wylltio rhywun, ac er 'mod i'n trio chwerthin a chymryd arnaf 'mod i ddim yn malio – rydw i yn malio. Rydw i'n gneud fy ngorau glas i blesio pawb – mwy nag y mae neb yn ei sylweddoli.

GOLYGFA 5

ANNE A MARGOT YN DAWNSIO O GWMPAS YR YSTAFELL. ANNE
YN TYNNU SBECTOL MARGOT AC YN CHWARAE GYDA'I GWALLT
FEL EI BOD YN YMDDANGOS YN LLAWER IAU. ANNE YN ANNOG
MARGOT I SYMUD YN FWY GOSGEIDDIG.

ANNE: Dalia dy ben yn uwch! Fel hyn! Cadwa dy gefn yn syth!
MARGOT: Fydda i byth cystal â ti!
ANNE: Ty'd!
ANNE: Ara deg!

ANNE A MARGOT YN GAFAEL AM EI GILYDD I DDAWNSIO AC YN
YMGOLLI YN Y SYMUD A'R CANU YSGAFN. Y DDWY YN TEIMLO'N
ANGHYFFORDDUS WRTH GAEL EU DAL GAN PETER.

MARGOT: Peter!
ANNE: Ty'd i mewn!
MARGOT: Cael 'chydig o hwyl oeddan ni!
PETER: Ella basa hi'n well mi ddod 'nôl nes ymlaen!
ANNE: Mi fasa croeso i ti ddod i ddawnsio efo ni.

PETER YN CAEL BRAW.

PETER: Na.
ANNE: Dwi'n siŵr y bysat ti'n cael gwell hwyl arni na Margot!
MARGOT: Anne!
PETER: Isio . . .
ANNE: Ia . . .
PETER: Isio deud . . . pen-blwydd hapus o'n i.

MARGOT: Diolch!

ANNE: Ty'd i ista.

PETER: Dwi wedi deud be o'n i isio'i ddeud rŵan.

MARGOT: Mi o'n i am ddod i fyny i'r atig i nôl coffi.

PETER: Ddo i â fo i lawr i ti.

ANNE YN SYNHWYRO AGOSATRWYDD RHWNG Y DDAU AC YN TRIO'I CHWALU.

ANNE: Ia! Dyna fasa ora!

MARGOT: Mi faswn i'n licio cael dod i fyny!

ANNE: Ond dy ddiwrnod arbennig di ydi heddiw! Cyfle i bawb redag i ti! (SAIB)
(WRTH PETER) Rydan ni am drio trefnu parti bach i Margot heno! Dos di i mi gael trafod y peth efo Peter!

MARGOT: Does dim angen, Anne!

ANNE: 'Dan ni isio'i neud o'n sbesial. Dos rŵan!

MARGOT YN GADAEL YN ANFODDOG. PETER AC ANNE YN SIARAD AR YR UN PRYD.

ANNE: Dos di.

PETER: Dwi wedi bod isio cael gair efo ti.

ANNE: Do?

PETER: Isio dy help di . . .

ANNE: Efo be?

PETER: Wel . . .

ANNE: Paid â bod yn swil!

PETER: Efo'n . . . Ffrangeg!

ANNE: (MEWN LLAIS SIOMEDIG) O . . .

PETER: Meddwl o'n . . . y bysat ti'n gallu dod i fyny . . . ata i i'r atig i helpu.

ANNE YN SYNHWYRO EI BOD HI'N FWY O FFEFRYN NA MARGOT
GAN PETER.

ANNE: Oeddat ti wir!
PETER: *Si tu veut*?
ANNE: (YN CAU EI LLYGAID) Mmm! Neis! Deuda rwbath arall!
PETER: *Je m'appelle Peter*!
ANNE: *Oui*!
PETER: *J'ai seize ans*!
ANNE: *Oui*!
PETER: *J'habite à* . . .

MAE REALITI EU SEFYLLFA O FOD YN GAETH YN EU CUDDFAN YN
CHWALU'R RHAMANT.

ANNE: Dos rŵan.

PETER: Anne?
LLAIS ANNE: *Dydd Gwener, Hydref y nawfed ar hugain, 1943*
Mae fy nerfau'n cael y gorau arna i, yn enwedig ar ddydd Sul;
dyna pryd fydda i'n teimlo fwyaf digalon . . . Does na'r un aderyn
i'w glywed y tu allan . . . Ar adegau fel hyn, dydi Dad, Mam
a Margot yn golygu dim i mi. Dwi'n crwydro o stafell i stafell,
i fyny ac i lawr y grisiau, ac yn teimlo fel aderyn a'i adenydd
wedi'u rhwygo ymaith . . . Mae llais y tu mewn i mi'n sgrechian,
'Gadewch fi allan lle mae 'na awyr iach a chwerthin!' Fydda i
ddim hyd yn oed yn trafferthu ateb bellach, dim ond gorwedd
ar y gwely a chysgu er mwyn i'r amser, y tawelwch a'r arswyd
dychrynllyd fynd heibio ynghynt, gan nad oes modd eu dileu.

GOLYGFA 6

MAE PETER YN GAFAEL AM ANNE AC YN EDRYCH ALLAN DRWY FFENESTR YR ATIG.

PETER: Gwena.
ANNE: Mi ydw i!
PETER: Nagwyt.
ANNE: Mi ddyliwn i fynd 'nôl i lawr.
PETER: Ddim eto.
ANNE: Be am dy fam?
PETER: Ffysian ma hi.
ANNE: Pam wyt ti isio i mi wenu o hyd?
PETER: Ma hynny'n fy ngwneud i'n hapus.
ANNE: Gafael yn dynn.
PETER: Del wyt ti!
ANNE: Nac ydw!
PETER: Wyt, Anne!
ANNE: Be sy'n ddel amdana i?
PETER: Bob dim!
ANNE: Fy llygaid i?
PETER: Ia!
ANNE: Be arall?
PETER: Dy ddimpls di!

HYN DDIM YN TEIMLO FEL CANMOLIAETH I ANNE.

ANNE: Does gen i ddim dimpls!
PETER: Oes, wrth i ti wenu.
ANNE: Ma hynna'n hyll!

PETER YN YMDRECHU I FOD YN RHAMANTUS.

PETER: Fydda i'n meddwl amdanat ti bob nos.

ANNE: A finna amdanat titha!

PETER: Fasan ni . . . efo'n gilydd . . . tasan ni ddim yn fama, ti'n
    meddwl?

ANNE YN SYLWEDDOLI MAI EU HAMGYLCHIADAU'N UNIG SYDD
WEDI DOD Â'R DDAU'N AGOS AC NID TEIMLADAU GO IAWN.

ANNE: Cydia'n dynn!

PETER YN GWERTHFAWROGI'R FFAITH NAD YW ANNE WEDI BOD
YN ONEST, ER BOD Y DDAU YN GWYBOD Y GWIR.

PETER: Diolch, Anne.

LLAIS ANNE: *Dydd Gwener, Rhagfyr y pedwerydd ar hugain, 1943
Mi fydda i'n meddwl weithiau tybed fydd 'na rywun yn fy
neall i byth. Beth ydi'r ots os ydw i'n Iddewes ai peidio? Pam
na allan nhw weld mai dim ond merch ifanc ydw i, a'r cwbl
ydw i isio ydi mymryn o hwyl? Allwn i fyth sôn am hyn hefo
neb, neu mi fyddwn i'n siŵr o grio. Mae crio'n gallu dod â
rhyddhad, ond i rywun beidio â gwneud hynny ar ei ben
ei hun.*

GOLYGFA 7

OTTO'N HYNOD AFLONYDD WRTH IDDO AMAU EI FOD YN
CLYWED SŴN O'R SWYDDFA ISLAW A HITHAU DDIM YN
DDIWRNOD GWAITH. MAE ANNE HEFYD YN AFLONYDD
OHERWYDD Y GWRES.

OTTO: Sh! Glywsoch chi hynna?
MARGOT: Sŵn o'r tu allan oedd o, Dad.
OTTO: Gwranda eto! Mi glywais i rwbath! 'Stedda, Anne!
ANNE: Y ffrog 'ma sy'n dynn amdana i!
OTTO: Sh! Dyna fo eto!
ANNE: Dwi'n chwys doman!
OTTO: Bendith Tad i ti, eistedd yn llonydd!
MARGOT: Symuda oddi wrth y ffenast, Anne!
OTTO: Wyt ti isio i rywun dy weld di?
ANNE: Pwy fasa'n medru gweld trwy gyrtan?
MARGOT: Ty'd i ddarllan efo fi.

ANNE SEFYLL O FLAEN Y FFENESTR.

ANNE: Ga i ei hagor hi'r mymryn lleia?
OTTO: Sh!
MARGOT: Sŵn o'r tu allan ydi o, Dad!
OTTO: Ma 'na rywun yma eto.
MARGOT: Bep sy'n dod â bwyd i ni.
OTTO: Ma hi'n rhy hwyr i hynny – dydi Bep ddim fel arfer yn
    galw'r adeg yma o'r dydd. 'Stedda i lawr, Anne!
MARGOT: Does 'na ddim byd yna Dad!

OTTO: Symud bob dau funud! Oes gen ti gynrhon neu rwbath?
Neu wyt ti'n trio fy ngwylltio i? Cwyno byth a beunydd!
MARGOT: Peidiwch!

TYMER OTTO'N CODI'N SYTH.

OTTO: Gwneud ati o hyd! Trio ngwylltio i! Isio ca'l y gora
arna i . . . Isio ngweld i'n torri . . . isio i mi . . . isio'n lladd i!
Ond wnei di ddim! O na! Mi wna i dy ymladd di i'r pen! Bob
un ohonach chi! Ydach chi'n 'y ngweld i?
MARGOT: Sh! Shh!
OTTO: Dyma fi . . . Dyma fi!
MARGOT: Sh, Dad! Plis!

OTTO'N SYLWEDDOLI'N SYDYN GYMAINT Y MAE WEDI DYCHRYN
Y MERCHED. MAE'N MYND I AFAEL YN DYNN AM ANNE.

OTTO: Ma'n ddrwg gen i . . . Ddrwg gen i Anne! Wyt ti'n dallt,
yn dwyt? Ti 'di'n hogan fach i, 'sti. Chaiff neb dy frifo di . . .
byth, 'y nghariad i. 'Y nghalon aur i! Cariad Dad wyt ti bob
tamaid.
LLAIS ANNE: *Dydd Sadwrn, Ionawr yr ail ar hugain, 1944*
Pam fod gan bobl cyn lleied o ffydd yn ei gilydd? Mi wn fod
yna reswm am hynny, ond mi fydda i'n meddwl weithiau ei
fod o'n beth ofnadwy na fedri di byth ymddiried yn neb, hyd
yn oed y rhai agosaf atat ti.

GOLYGFA 8

ANNE YN PENLINIO A GWEDDÏO WRTH OCHR EI GWELY. OTTO'N OCHNEIDIO'N DRWM CYN MYND I MEWN ATI I'R YSTAFELL.

OTTO: Barod am dy wely? Ma heddiw wedi bod yn ddiwrnod hir.

ANNE: Dad . . .

OTTO: Mi ydan ni wedi tawelu rŵan, bob un ohonon ni.

ANNE: Wedi blino oeddach chi.

OTTO'N GWERTHFAWROGI'R FFAITH BOD ANNE YN MADDAU IDDO AM EI YMDDYGIAD.

OTTO: Y gwres 'ma'n deud arnan ni i gyd.

ANNE: 'Dach chi'n gwbod efo . . .

OTTO: Peter?

ANNE: Mi rydan ni'n treulio dipyn o amser efo'n gilydd yn yr atig. Ydi hynny'n eich poeni chi?

OTTO: Ma angan bod yn ofalus, a ninna'n byw ar ben ein gilydd fel hyn.

ANNE: Dydan ni ddim yn wirion!

OTTO: Nac ydach siŵr. Ond ma' angan bod yn ddisgybledig.

ANNE: (YN TEIMLO'N CHWITHIG) Dad!

OTTO: Dwi'n dallt sut ma hi ar y ddau ohonoch chi, ond ma'n rhaid i ti fod yn bendant efo fo. Peidio gneud mwy nag sy raid.

ANNE: Be ydach chi'n feddwl 'dan ni'n neud?

OTTO'N AMLWG YN TEIMLO'N ANGHYFFORDDUS.

OTTO: Ti'n gweld, ma hogia ifanc yn licio mentro a ma'n rhaid
i'r hogan ddangos yn glir be 'di be. Y ddau ohonach chi yng
nghwmni'ch gilydd o hyd – mae 'na beryg i betha fynd yn
flêr. Ma raid i ti fod yn ofalus, Anne. Mi fasa'n well i ti gadw
dy bellter, dyna i gyd dwi'n ddeud.

ANNE: Mae o'n hogyn call.

OTTO: Mi gei di ddigon o gyfla ar ôl i ni adael y lle 'ma i gyfarfod
hynny leci di o hogia. Hynny ydi, o fewn rheswm! Ti'n gweld,
dydi Peter ddim yn gymeriad mor gryf â ti. Ma hi'n hawdd
iawn dylanwadu arno fo, a dydi o mo'r hogyn mwya siarp!

ANNE: Snob ydach chi, Dad!

OTTO: Ddim o gwbwl! Isio'r gora i ti ydw i.

ANNE YN TEIMLO CARIAD MAWR AT EI THAD AC YN GAFAEL
AMDANO'N DYNN.

ANNE: Mi 'dach chi'n werth y byd, Dad!

OTTO: Cysga'n dawel y nghariad i.

OTTO'N SYMUD DRAW AT LOFFT MARGOT.

OTTO: Os daw 'na unrhyw . . .

MARGOT: Dad!

OTTO: Gad mi orffen. Os llwyddan nhw i'n ffeindio ni, dydan
ni . . .

MARGOT: Rydan ni 'di bod drwy hyn.

OTTO: Ma'n bwysig ein bod ni'n barod am beth bynnag ddaw.

MARGOT: Deud dim.

OTTO: Peidio ag enwi neb.

MARGOT: Wna i ddim plygu.

OTTO: Ddim amdanat ti dwi'n poeni. Ma hi'n gallu bod mor
fyrbwyll a gwirion.

MARGOT: A dydi Anne fawr gwell!

OTTO: Margot! Mae dy fam yn un sensitif iawn! Does ganddi hi mo'r help!

MARGOT: Does ddim isio iddi weiddi gymaint ar Anne chwaith.

OTTO: Ma'n rhaid i ti gadw llygad ar y ddwy drosta i, achos cha i ddim aros efo chi. Dyna ma nhw'n ddeud. Ma nhw'n gwahanu'r dynion a'r merched. Ond mi fyddwch chi'ch tair yn gryf efo'ch gilydd. Ac mae'n bwysig eich bod chi'n cadw'ch ysbryd yn uchel. 'Chydig bach o dynnu coes bob hyn a hyn!

MARGOT: Dydi Mam ddim yn dallt jôcs yn fama, heb sôn am . . .

OTTO: Peidio tynnu sylw neb, a dangos dim. Ac os oes raid ti ddeud rhyw gelwydd gola i gael Anne i neud ei gwaith, wel . . .

MARGOT: Ma isio i fi ddeud c'lwydda rŵan! Dwi'n cael cychwyn yn fama?

OTTO: Mi wyt ti mor . . .

OTTO'N AMLWG DAN DEIMLAD, A MARGOT DDIM YN AWYDDUS I'W WELD YN YPSETIO ETO.

MARGOT: Peidio dangos dim byd, Dad, dyna sy ora' . . .

OTTO: Na, mi ydw i isio . . .

MARGOT: Does dim angen.

OTTO: Oes.

MARGOT: Dad!

OTTO: Dwi wastad wedi bod mor falch ohonat ti. Wastad. Paid ag anghofio hynny.

MARGOT: Ydi'r straeon am . . . y gwersylloedd yn wir?

OTTO: Straeon ydyn nhw, Margot.

MARGOT: Ma'r straeon wedi cychwyn yn rhwla, dydyn?

OTTO: I be fasan nhw isio lladd pobol a nhwtha'n gallu'u defnyddio nhw i weithio? Ma hynny'n sefyll i reswm, siŵr.

MARGOT: Sbiwch be ma nhw wedi'i neud i ni'n barod!

OTTO: Pan fyddwn ni'n rhydd a 'nôl efo'n gilydd yn un teulu
hapus, mi gawn ni . . .

MARGOT: . . . ddechra ffraeo'n iawn fel oeddan ni'n neud adra!

OTTO: Dyna ma dy fam yn neud, yli! (GAN GEISIO GWENU)
Ymarfer at hynny!

MARGOT: Wna' i mo'ch siomi chi, Dad.

OTTO: Da'r hogan.

LLAIS ANNE: *Dydd Sadwrn, Chwefror y deuddegfed, 1944*
Mae'r haul yn disgleirio, yr awyr yn las dwfn; mae yna awel
fendigedig ac rydw i'n dyheu – yn dyheu yn wirioneddol – am
bopeth; sgwrs, rhyddid, ffrindiau, bod ar fy mhen fy hun.
Rydw i'n dyheu . . . am gael crio. Rydw i'n teimlo fel pe bawn i
ar fin ffrwydro. Mi wn i y byddai crio o help, ond alla i ddim.
Rydw i mewn stad o ddryswch llwyr, heb wybod beth i'w
ddarllen, beth i'w ysgrifennu, beth i'w wneud. Y cyfan wn i ydi
fy mod i'n dyheu am rywbeth.

GOLYGFA 9

OTTO: Meddyliwch amdano fo'n gorwedd yn y 'sbyty yn diawlio'i
Swyddogion. 'Heil Hitler! Mistêc bach oedd o wyddoch chi,
Führer! Doedd y fwled ddim i fod i'ch taro chi!'

MARGOT: Siŵr ei fod o'n wallgo!

OTTO: Y Führer ei hun!

PETER: Mae o'n dal yn fyw!

ANNE: Ond o leia ma 'na rywun wedi trio'i ladd o!

MARGOT: A hwnnw'n Almaenwr!

OTTO: Mi oeddan nhw'n siŵr o weld trwy'i gelwydda fo yn y
diwedd!

MARGOT: Dim ond criw bach gymrith hi i droi'r rhyfel 'ma ar ei
ben!

PETER: Ma pobol yn dal i gredu mai Hitler sy'n iawn.

ANNE: Ma hi wedi cymryd mwy nag un person i ddod mor agos
â hyn at ei ladd o.

MARGOT: Be os bydd raid i ni fynd 'nôl i'r ysgol yn yr hydref?

ANNE: Mi fydd angan ffrogia a sgidia newydd!

MARGOT: A siaced newydd hefo coler felfed!

OTTO: Dwn i ddim am hynny, Margot!

ANNE: Be wnawn ni am feics?

PETER YN MYND YN FWY BLIN WRTH I'R TRI YMGOLLI YN Y
FFANTASI.

PETER: Anne!

MARGOT: Fydd y fflat yn dal yno i ni?

OTTO: Gallu agor y drws a mynd allan i'r awyr iach.
ANNE: Gweld pawb eto!
MARGOT: Gorwedd mewn bath poeth!
OTTO: Gawn ni barti i ddiolch i bawb am eu help!

SAIB – SYLWEDDOLI FOD YNA BOBL ERAILL YN Y GUDDFAN.

ANNE: (AR GOLL YN LLWYR) Dad?

SWYDDOGION YR SS YN DOD I MEWN I'R FFLAT A CHLUDO PAWB
I GANOLFAN I'W CROESHOLI. Y PEDWAR YN CODI EU BREICHIAU
I DDANGOS NAD YDYNT YN GWRTHWYNEBU'R ARESTIO, YN
GAFAEL AM EI GILYDD YN DYNN. Y GOLAU'N CRYFHAU'N SYDYN
A CHERDDORIAETH GLASUROL YN CYNYDDU DWYSTER A
THRISTWCH Y SEFYLLFA.

GOLYGFA 10

MARGOT AC ANNE YN GAFAEL YN NWYLO'I GILYDD. MAE'R
CROESHOLI'N DIGWYDD Y TU ÔL IDDYNT.

MILWR: Mi fydd hi'n haws i chi, ac yn llai o waith i mi, pe baech
chi'n dweud y cyfan rŵan, ac wedyn mi gewch chi fynd nôl
at eich teulu. Mi gewch chi ddychwelyd at eich dwy ferch ar
ôl cyflwyno'r wybodaeth briodol.

OTTO: Lle mae 'ngwraig i?

MILWR: Dyna welliant! Mae hi'n dipyn haws cydweithredu, yn
tydi? Mae hi yma, ond dydi hi ddim yn barod i'ch gweld chi
eto.

OTTO: Ydi hi'n iawn?

MILWR: Mae hynny'n dibynnu arnoch chi. Rŵan eich bod chi'n
barod i siarad, mi gawn ni gychwyn ar y broses. Ers pryd
fuoch chi'n cuddio?

OTTO: Bron i ddwy flynedd.

MILWR: Da iawn. A phwy arall oedd yno heblaw am eich teulu
chi?

TAWELWCH.

Dewch rŵan! Waeth i chi heb â mynd yn groes i'n
dymuniadau ni.

TAWELWCH.

Iawn, mi wnawn ni holi eich gwraig.

OTTO: Mi oedd yna un dyn arall.

MILWR: A'i enw fo?

OTTO: Ym . . .

MILWR: Waeth i chi heb â cheisio'n twyllo ni chwaith, achos
rydan ni'n gwybod bod merched yn tueddu i blygu'n haws i
dipyn o berswâd. (SAIB) A'i enw fo?

OTTO: Dussel.

MILWR: Enw cyntaf?

OTTO: Albert.

MILWR: A phwy arall oedd yno?

OTTO: Neb arall.

MILWR: Rydan ni'n gwbod be ydi enw'r hogyn. Hogyn gwan
iawn. Mi fyddai ychydig o hyfforddiant milwrol yn help iddo
fo. Rydach chi'n ddyn tipyn cryfach ar ôl ymladd yn y rhyfel
diwetha. Dallt sut mae'r pethau 'ma'n gweithio.

TAWELWCH.

Ddown ni 'nôl at hynny. Pwy oedd yn dod â chyflenwadau i
chi?

OTTO: Neb.

MILWR: Mi wnaethoch chi lwyddo i fyw am ddwy flynedd heb i
neb ddod â bwyd i chi?

OTTO: Mi fuon ni'n byw ar fwyd sych.

MILWR: Mae'r enwau'n ddigon. Mater bach ydi ffeindio lle maen
nhw'n byw. Enwau!

TAWELWCH.

Os mai fel hyn mae'i dallt hi, mi fydd raid i ni alw ar eich
gwraig.

OTTO: Doedd 'na neb yn ein helpu ni!

MILWR: Celwydd.

OTTO: Mi oeddan ni wedi bod yn casglu'r bwyd at ei gilydd ers dros flwyddyn.

MILWR: Celwydd eto!

CHWIPIO.

Mi ydan ni angen y gwir. Mi ddewch chi i ddeall yn y diwedd.

OTTO'N DYCHWELYD AT ANNE A MARGOT. MAE'N AMLWG EI FOD WEDI CAEL EI GAM-DRIN.

ANNE: Dad!

MARGOT: Be ddigwyddodd?

ANNE: Dad?

MARGOT: Be wnaethon nhw i chi?

OTTO: Mi af i weld pwy ydw i'n nabod yma.

MARGOT: Ble ma Mam?

ANNE: Oedd hi efo chi?

MARGOT: Dad, ble ma hi?

OTTO: Ma'n rhaid i ni fod yn gryf! Ydach chi'n dallt?

ANNE A MARGOT YN NODIO'U PENNAU'N ANSICR.

GOLYGFA 11

ANNE A MARGOT YN CYRRAEDD AUSCHWITZ. SŴN TRÊN. MILWYR YN GWEIDDI'N UCHEL AR DRAWS EI GILYDD.

MILWR 2: Dewch allan yn drefnus!

MILWR: Allan! Allan rŵan!

MILWR 2: Dynion i'r dde a merched a phlant i'r chwith!

MILWR: Unrhyw un sy'n teimlo'n flinedig ar ôl y siwrnai, dewch draw ffordd hyn.

MILWR 2: Pawb mewn rhesi syth! Dwi am weld pawb yn symud!

MILWR: Symudwch! Merched a phlant i'r chwith! Dynion i'r dde!

MILWR 2: Does na ddim amser i loetran! Pawb i symud!

MILWR: Unrhyw un sy'n teimlo'n flinedig, dewch draw ffordd hyn!

ANNE: Ty'd Margot!

MARGOT: Aros lle wyt ti!

ANNE: Alla i ddim cerdded dim pellach!

MILWR: Mi gewch chi eich cofrestru a chael archwiliad meddygol. Yna cawod a chasglu gwisg briodol ar gyfer eich harhosiad. Gadewch eich holl eiddo yma. Sbectols, dannedd gosod . . .

MILWR 2: Tynnwch eich dillad! Os oes gynnoch chi unrhyw beth gwerthfawr, dewch â nhw . . .

MILWR YN SYLWI AR ANNE A MARGOT YN GAFAEL AM EI GILYDD.

MILWR: Arhosa! Ti'n hogan rhy fawr i fod yn gafael llaw!

ANNE YN GOLLWNG LLAW MARGOT YN FRYSIOG. Y MILWR YN AGOSÁU AT ANNE.

MILWR: Does dim isio bod ofn! Isio mwytha wyt ti?

ANNE YN YSGWYD EI PHEN YN BENDANT.

MILWR: Mae'r lle 'ma'n gallu bod yn unig i hogan ifanc!
MARGOT: 'Dan ni'n iawn, diolch.
MILWR: Heblaw dy fod ti'n hogan sbesial! Gadwa i fy llygad
    arnat ti, yli!
MILWR 2: Symudwch hi!
MILWR: Dewch!

ANNE A MARGOT YN MYND O'R GOLWG.

MILWR 2: Cadwa dy feddwl ar dy waith!
MILWR: Dim ond sbio ydw i!
MILWR 2: Mi fyddan nhw wedi colli'u graen mewn wthnos.
MILWR: Dyna pam dwi'n licio'r rhai newydd. Neis gweld 'bach o
    gig.
MILWR 2: Iddewon cachlyd ydyn nhw!
MILWR: Ma nhw'n dda i rwbath!
MILWR 2: Ydyn, i'w llosgi yn y ffwrnais 'na. (CYFEIRIO'I EIRIAU
    AT BOBL NEWYDD YN CYRRAEDD) Symudwch ar hyd
    y platfform!
    Ma angen eu sortio nhw!
MILWR: Ma isio tipyn bach o hwyl! (TROI A GWEIDDI)
    Symudwch hi!
MILWR 2: Dynion i'r dde, merched a phlant i'r chwith!

GOLYGFA 12

ANNE A MARGOT WEDI NEWID I WISG Y GWERSYLL. BLANCED
DROS Y DDWY. SŴN CRIO A PHESYCHU.

ANNE: Wna i byth gysgu!

MARGOT: Cau dy lygaid.

ANNE: Ma pob dim yn troi yn fy meddwl i.

MARGOT: Tria gofio sut oedd hi . . .

ANNE: Alla i ddim!

MARGOT: . . . cyn i ni fynd i guddio.

ANNE: Dwi ddim yn cofio dim byd!

MARGOT: Ti'n cael dy ben-blwydd, cacan, pawb yn hapus . . . a'r
dyddiadur!

ANNE: Be os ydyn nhw wedi'i ddarllen o?

MARGOT: Mam yn chwarae hefo dy wallt di.

ANNE: Ble ma hi? Ble ma Mam?

MARGOT: Ma 'na filoedd o bobl yma. Mae'n mynd i gymryd
amser. Mi ddown ni o hyd iddi hi'n y diwedd.

ANNE: Ond dwyt ti ddim yn siŵr o hynny, nagwyt?

MARGOT: Mi fydd pob dim yn well fory ar ôl ni gael bwyd a
diod. Wyt ti am i mi wrando arnat ti'n deud dy bader?

ANNE: Gafaela'n dynn yno i.

MARGOT: Mi fydd petha'n well fory, 'sti. Efo'n gilydd!

ANNE: Am byth!

MARGOT: Ti a fi!

ANNE: A Dad a Mam.

GOLYGFA 13

ANNE A MARGOT YN SEFYLL I GAEL EU CYFRIF. MARGOT YN
TEIMLO'N SÂL.

MILWR 2: 634, 635, 636 . . .
MARGOT: Ma'n rhaid i mi gael mynd . . . (I'R TŶ BACH)
ANNE: Mi gawn ni fynd yn y munud.
MILWR 2: 637, 638, 639 . . .
MARGOT: Alla i ddim dal.
ANNE: Rho dy ben i lawr.
MILWR 2: 640, 641, 642 . . .
MARGOT: Dwi'n mynd i fod yn sâl.

MARGOT YN SYRTHIO AR LLAWR.

MILWR: Cwyd ar dy draed! Rhaid i bawb sefyll i gael eu cyfri.
MARGOT: Dwi'n mynd i fod yn sâl . . .
MILWR: Mi geith hi aros ei thro fel pawb arall. Saf yn syth!

MARGOT YN CHWYDU.

MILWR: Y mochyn! Y sglyfath budur! Mi fydd y cwbwl ohonach
chi'n sâl rŵan achos fod 'na un Iddew bach yn methu aros i
gyrraedd y toilet. Welais i fwy o urddas gan gi. Mi fydd yn
rhaid i ti gael dy gosbi. Penlinia ar lawr a chodi dy freichiau
yn yr awyr.
ANNE: Ty'd, Margot. Fyddi di fawr hirach.
MILWR: Mae pob un ohonach chi'n wan!

MARGOT: Dangosa iddyn nhw Anne!

MILWR: Mi rydach chi i gyd yr un fath! Pob un ohonach chi'n
ddim byd ond baw isa'r doman.

ANNE: Paid â sbio arno fo!

MILWR: Ddysgith hynna i ti fod yn ufudd! (MAE'R MILWR YN
TARO MARGOT) Fydda i'n cadw llygad arnat ti.

MARGOT YN SYRTHIO'N DDIYMADFERTH AR Y LLAWR.

MARGOT: Helpa fi, Anne . . .

GOLYGFA 14

ANNE YN CADW LLYGAD AR MARGOT AC YN YMATEB I BOB SŴN
MAE HI'N EI WNEUD. MAE ANNE YN MWYTHO WYNEB MARGOT.

ANNE: Wyt ti'n teimlo'n well rŵan? Mi ga i rywun i'm helpu i i
    fynd â ti at y doctor.

MARGOT: Dwi ddim isio.

ANNE: I ti gael gwella.

MARGOT: Na.

ANNE: Hwyrach y cei di ffisig. Fyddi di ddim yr un un wedyn!
    Be ti'n ddeud? 'Nghariad gwyn i.

YR YMADRODD YN ATGOFFA MARGOT O'I MAM, AC MAE'N
MEDDWL EI BOD HI YNO.

MARGOT: Mam?

HYN YN YPSETIO ANNE I'R BYW.

ANNE: Nage, Margot.

MARGOT: Mam?

ANNE: Paid rŵan.

MARGOT: Isio . . .

ANNE: Gawn ni weld Mam, 'sti . . . yn y munud.

MARGOT: Boeth . . .

ANNE: Gorwedd di rŵan.

MILWR YN CYRRAEDD YN DDISYMWTH.

MILWR: Allan!

MILWR 2: Pawb allan!

ANNE: Aros di'n fama, ia? Fydda i ddim yn hir.

MILWR: 174, 175, 176 . . .

ANNE YN HYMIAN CÂN Y DDAWNS NES BOD EI RHIFAU HI A
MARGOT YN CAEL EU GALW.

MILWR: 182 . . . 182?

ANNE: Ia.

MILWR: 183 . . . 183?

ANNE: Ia.

MILWR 2 YN SYLWI MAI ANNE SYDD WEDI ATEB I'R DDAU RIF.
ANNE YN OFNI Y CAIFF EI CHOSBI, OND YN TEIMLO RHYDDHAD
WRTH I'R DDAU FILWR ADAEL.

GOLYGFA 15

MARGOT YN GORWEDD YN FARW YM MREICHIAU ANNE. ANNE YN
GWRTHOD DERBYN Y SEFYLLFA. MAE'N TRIO EI CHAEL I YFED AC
I SYMUD.

ANNE: Gafael yn y cwpan, Margot, rhag ofn i rywun ei ddwyn o.
Sgin ti ddim syched? Ma'n rhaid i ti yfed! Bwysicach na dim!
Ty'd rŵan, Margot! Gymri di damad o fara ta?

ANNE YN ESTYN Y BARA'N OFALUS.

Mi ddois i o hyd iddo fo tu ôl i'r gegin. Agor dy geg rŵan!
Isio llonydd wyt ti, ia? Isio i mi adael i ti gysgu er mwyn bod
yn gryf at fory? Ma'n rhaid i ni gael ein cyfri, yli! Ty'd rŵan!
Mi rown ni ti i bwyso yn erbyn y wal lle gei di gysgod. Ia?

Isio i mi'i fyta fo wyt ti? Na, ti bia fo! 'Dan ni'n gofalu am
ein gilydd, yn tydan? Pawb arall ar ben eu hunain, yli! Ond
ddim y ni'n dwy! Ty'd Margot fach, llynca fo! Plis, Margot?

MILWR YN CYRRAEDD HEB I ANNE SYLWI.

MILWR: Allan! Rŵan!
ANNE: Ma hi'n sâl. Fedrith hi ddim symud.
MILWR: Dos di allan ta!
ANNE: Fy chwaer i ydi hi! Mi a' i i nôl rhywun i'm helpu i!
MILWR: Gad hi!
ANNE: Mi fydd hi'n iawn yn y munud. Plis? Mi oeddach chi'n
arfer bod yn glên! Ddim 'run fath â'r lleill!

MILWR: Allan!

ANNE: Sbiwch! Ma hi'n symud!

MILWR YN CHWERTHIN. ANNE YN YMUNO YN Y CHWERTHIN AM
YCHYDIG EILIADAU.

MILWR: Allan!

ANNE YN DDIYMADFERTH. MILWR YN GALW AR MILWR 2
I EDRYCH AR MARGOT.

MILWR: Un arall wedi mynd!

MILWR 2: Faswn i'm yn cyffwrdd yn honna. Mi ga'n nhw'i
symud hi eu hunain.

ANNE: Gadwch i mi neud.

MILWR: Rêl madam fach, yn dwyt? Isio dy ffordd dy hun efo bob
dim!

MILWR AR FIN GAFAEL YN ANNE MEWN FFORDD RYWIOL. ANNE
YN POERI YN EI WYNEB.

GOLYGFA 16

ANNE YN CARIO CERRIG O UN OCHR I'R LLALL. CYN IDDI
GYRRAEDD Y CERRIG, MAE'N CAEL GORCHYMYN NEWYDD NES EI
BOD YN GWBL SIMSAN AR EI THRAED.

MILWR: Ma'n rhaid i ti symud yn gynt! Cychwynna eto!
MILWR 2: 'Nôl lle'r oeddan nhw! Ty'd!
MILWR: Mi fedri di gario mwy na hynna!
MILWR 2: Ddim digon da! Dos â nhw 'nôl!

ANNE YN SYRTHIO AR EI PHENGLINIAU.

MILWR: Ar dy draed! Cwyd ar dy draed! Paid â sbio arna i! Dwyt
ti ddim i fod i sbio i'm llygaid i! Ti'n 'y nghlywad i? Cwyd!

ANNE YN SYRTHIO AR LAWR AC YN CAEL EI CHARIO YMAITH GAN
MILWR 2.

GOLYGFA 17

WRTH I'R MILWR YMFALCHÏO YN EI BŴER, MAE'R GOLEUO A'R
GERDDORIAETH YN NEWID I GYFLEU'R FFAITH BOD Y NATSÏAID
WEDI CAEL EU TRECHU. MAE'R MILWR YN TYNNU EI SIACED
AC YN COLLI POB ARWYDD O AWDURDOD. MAE'N LLUSGO'I
SIACED AR LAWR. YN SYDYN MAE'N CODI'I FREICHIAU, GAN EIN
HATGOFFA O'R OLYGFA PAN DDAETHPWYD O HYD I'R TEULU YN
Y GUDDFAN.

GOLYGFA 18

OTTO'N DYCHWELYD I'R GUDDFAN, SY'N WAG BELLACH, MAE
ANNE I'W GWELD MEWN GOLAU GWAN YN Y CEFNDIR, YN GAFAEL
YN DYNN YN EI DYDDIADUR.

LLAIS ANNE: *Mae'n gwbl amhosibl i mi allu adeiladu fy mywyd ar
sylfaen o ddryswch, dioddefaint a marwolaeth. Rydw i'n gweld
y byd yn cael ei drawsnewid yn anialwch fesul tipyn; rydw i'n
clywed y taranu agos sy'n mynd i'n dinistrio ninnau hefyd,
rhyw ddydd a ddaw. Rydw i'n teimlo dioddefaint miliynau;
ac eto, pan fydda i'n edrych i fyny ar yr awyr, rydw i'n teimlo
rhywfodd y bydd popeth yn newid, er gwell; y daw terfyn ar y
creulondeb hwn hefyd, ac y bydd heddwch a thangnefedd yn
dychwelyd i'r byd unwaith eto. Yn y cyfamser, mae'n rhaid i mi
ddal gafael ar fy ngobeithion.*

TYWYLLWCH.